KAMPENWAND
VERLAG

Vorwort

Liebe Emma-Freunde,

Bilderbücher sind wahre Schätze – Kinder entdecken mit ihnen die Welt, erfahren Wissenswertes und erleben Gefühle. Bilderbücher regen zum Fragen und Erzählen an und erweitern den Horizont.
Mit dieser Projektmappe zu „Emma – Ohne dich wär' die Welt nur halb so schön!" möchte ich Ihnen erprobte Praxismaterialien an die Hand geben und Sie bei Ihrer Arbeit unterstützen. Ideen, die alle Sinne ansprechen und die Kinder zum aktiven Mitmachen anregen. Mit Emma kommen Sie ans Basteln, Werkeln, Fühlen, Schmecken, Lauschen und in Bewegung.
Alle Anregungen haben einen direkten Bezug zu den Inhalten des Bilderbuches, doch es bleibt in der Umsetzung großer Freiraum für individuelle Gestaltung.

Aufbau der Mappe

Die Angaben zum Alter, den Zielen und Materialien zu jedem Projekt verschaffen Ihnen einen raschen Überblick. Ob Sie es als Einzel- oder Gruppenangebot für eine kleinere oder größere Runde umsetzen, entscheiden Sie immer wieder aufs Neue.
Die Themenschwerpunkte sind in der Übersicht farblich gegliedert – diese Farben finden sich später wieder. Jedes Kapitel beginnt mit einem ganzseitigen Foto und einer kurzen Hinführung in die Thematik. Auf vielen Seiten gibt es zusätzliche Tipps – achten Sie auf den fröhlichen Frosch!
Bitte denken Sie quer – manche Angebote sprechen gleich mehrere Bildungsbereiche an.

Medien

Es gibt eine Vielzahl guter Bücher zu einzelnen Tieren und inzwischen auch sehenswerte, kurze und kostenfreie Dokumentationen, z. B. bei YouTube. Ich denke an das Gewusel in einem Ameisenhaufen, die Verwandlung einer Raupe zum Schmetterling oder Zeitlupenaufnahmen springender Grashüpfer. Kinder lieben diese Filme. Gezielt zu Stöbern lohnt sich.
Auch im Bereich Gebärdensprache – hier lassen sich Emmas Gefühle prima umsetzen.

Das eigene Bilderbuch gestalten

Möchten Sie Emma als bleibenden Schatz in Ihre Einrichtung holen? Auf den Seiten 70/71 erhalten Sie Infos und den gratis Download-Link zu Emma-Outline. Mit unserem Layout von Lisa Hänsch und mit Emma in ihren unterschiedlichen Gefühlslagen können einzelne Kinder oder ganze Einrichtungen kreativ ihr eigenes Emma-Bilderbuch gestalten.

Ein persönlicher Dank

An dieser Stelle sage ich DANKE für alle bisherigen Rückmeldungen und freue mich auf weitere Reaktionen. Kritik, Lob und Anregungen treiben an, weitere Ideen und Formate kreativ umzusetzen.

Viel Freude mit Emma!

Ihre Heidi Leenen

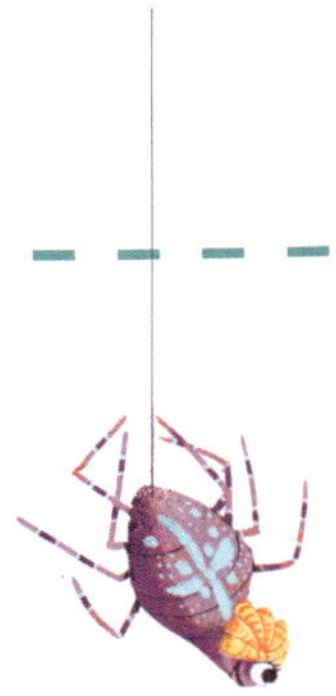

gebundene Ausgabe mit CD & Downloadlink
ISBN:978-3964434517

Pappbilderbuch
ISBN:978-3947738533

Mehr unter: www.kampenwand-verlag.de

Kapitel 1

Sprache fördern

Mit Geschichten und Bilderbüchern fördern wir weite Bereiche der Sprache. Zuhören ist die Grundlage für den Spracherwerb. Das Gesprochene muss verstanden und verarbeitet werden. Kinder erweitern ihren Wortschatz, schulen die Artikulation und lernen unbewusst grammatikalische Zusammenhänge. Es wächst der Spaß am freien Erzählen und auch die Lust, eigenständig zu Büchern zu greifen. Der einmal geweckte Wissensdurst und die Liebe zum Buch erweitern wiederum die Sprachkompetenz. Ein Kreislauf, der sich positiv auf die Gesamtentwicklung auswirkt.

Stimmbildungsgeschichten, das Kamishibai und Erzählsteine können – je nach Alter – sehr unterschiedlich eingesetzt werden. Schon die Jüngsten werden viel Spaß haben und in kleinen Schritten auch sprachlich daran wachsen.

Mit Kindern zu philosophieren ist für Ältere eine wunderbare Chance, aus ihrem eigenen Erfahrungsfeld zu berichten, sich auszutauschen und quer zu denken. Als Erwachsene können wir ihnen ein Begleiter sein, der mit ihnen zusammen auf Entdeckungsreise geht und in einen regen Austausch kommt. Und ja, es sind kostbare Momente, in denen sich kindliche Weit- und Weltsichten auftun. Momente, die uns immer wieder zum Staunen und Innehalten bringen.

Erzählsteine

ab 4 Jahren

Ziele
Wortschatz erweitern, Kreativität

Material
flache Steine, Acrylstifte

Selbstbemalte Erzählsteine sind ein wunderbarer Weg, Kinder zum Reden und zur Kreativität zu inspirieren. Ältere Kinder können die Steine selber gestalten und legen sie zum Erzählen in ihre selbstgewählte Reihenfolge. Es braucht Mut, frei vor anderen zu reden, doch wenn die erste Hemmschwelle mit viel Lob überwunden ist, wird es den Kindern super viel Spaß bereiten.

Einstieg

Zeigen Sie den Kindern einige von Ihnen selbst bemalte Steine mit Emma, einer Ameise und der Raupe. Legen Sie die Steine nacheinander aus und erzählen den Anfang der Geschichte. Nun kommen Sie nicht weiter. Es fehlen Steine. Und es fehlen aufgemalte Tiere.

Machen Sie sich auf den Weg und suchen gemeinsam helle und flache Steine oder nehmen alternativ weiße Dekosteine aus der Bastelabteilung dazu.

Erzählsteine

Malen Sie in Gruppen von 2-3 Kindern und konzentrieren sich dabei immer auf ein Tier. Legen Sie Bilder dieses Tieres oder die Illustration aus dem Buch auf den Tisch und besprechen Sie Aussehen und Merkmale. Wer mag, malt sein Tier zunächst mit einem Stift auf Papier, um ein Gefühl für die Größe zu bekommen.

Zum Bemalen der Steine haben sich dünne Acrylstifte bewährt. Manche Kinder sind flott im Zeichnen, andere benötigen Ermunterung und viel Zeit.

Wollen die Kinder gemeinsam eine oder jeder seine eigene Emma-Erzählstein-Geschichte malen?

Beim späteren Erzählen lernen die Kinder nach und nach, Emmas Erlebnisse auszuschmücken und mit der Zeit sogar, sich durchs Verstellen der Stimme in einzelne Tiere hineinzuversetzen.

Ausklang

Überlegen Sie gemeinsam, ob es einen festen Ort oder eine kleine Kiste für die Erzählsteine geben kann. Ein leicht zugänglicher Platz, der Kinder ermuntert, auch selbstständig immer mal wieder nach den Steinen zu greifen. Die Erzählsteine für zu Hause könnten in einem kleinen Beutel mit farbigem Band oder Emma-Anhänger mitgegeben werden.

Experimente mit der eigenen Stimme

ab 3 Jahren

Ziele
Stimm- und Sprachförderung

Material
Tierbilder, Pfeifenputzer

Instrumente
Glockenspiel oder Xylofon

Die Stimme ist das einzige Instrument, das wir ständig bei uns tragen. Kinder haben Spaß daran, sie auszuprobieren. Mit unserer Stimmbildungsgeschichte auf der nächsten Doppelseite kitzeln wir die Lust auf Geräusche und Klänge heraus und erforschen unsere eigenen stimmlichen Möglichkeiten. Dabei werden nicht nur Atmung und Artikulation geübt, auch Körperhaltung, Lautstärke und eigene Gefühle kommen zum Ausdruck.

Einstieg

Gehen Sie auf die unterschiedlichen Tiere ein. Zeigen Sie Schnecke, Ameise, Raupe, Specht, Heuschrecke, Spinne, Libelle, Frosch und Maulwurf. Das können die Illustration des Buches oder auch andere Bilder sein. Die Kinder ahmen Laute oder Bewegungen der Tiere nach: Das Marschieren der Ameisen, Florentines Schmatzen und das Reiben mit der Hand über den Bauch, das Klopfen des Spechts mit dem Finger auf dem Holzstuhl.

Mit der Stimme spielen

Leiten Sie über zur Stimmbildungsgeschichte. Vielleicht gibt's eine Schneckenhandpuppe, die Emmas Reise begleitet?
Tragen Sie Emmas Begegnungen lustvoll, mit angepasster Stimme und in kleinen Abschnitten vor. Kinder lieben es, dabei Geräusche und Bewegungen nachzuahmen. Achten Sie auf deutliche Aussprache und wiederholen einige Sequenzen, die besonders viel Spaß bereiten.

Das Froschgequake spielen Sie auf dem Glockenspiel vor und singen es auf La-Tönen mit auf -und abwärts wandernden Handbewegungen mit den Kindern nach.

Ausklang

Aus einem Pfeifenputzer könnte schon bald eine Libelle auf jedem Finger sitzen und die Kinder zu fröhlichen A- und O-Lauten animieren. Halten Sie in den nächsten Tagen das Glockenspiel griffbereit, damit Kinder die Tonleiter der Frösche immer wieder selber ausprobieren und dazu singen können.

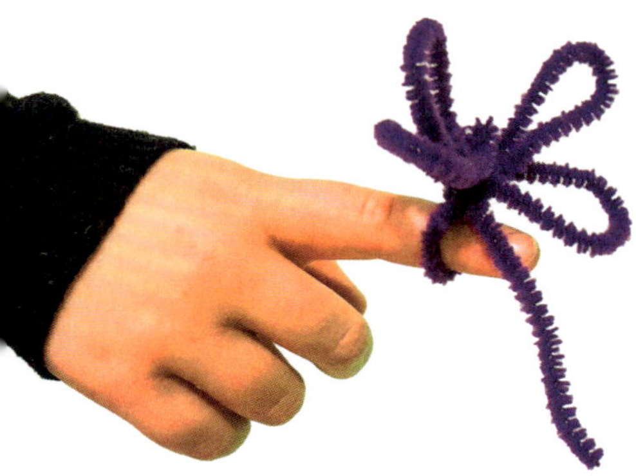

Tipp

Erweitern Sie den gleichen Text zur Klanggeschichte. Überlegen Sie gemeinsam mit den Kindern, welches Orffsche Instrument zu welchem Tier passen könnte.

Emma staunt

Eine spielerische Stimmbildungsgeschichte

Text — **Stimmbildungs- und Rhythmusübung**

Emma, die kleine **Schnecke** mag den Regen,
Sie liebt es, wenn dicke Regentropfen auf ihr
Schneckenhaus tropfen.
Plopp, plopp-plopp. Plopp, plopp-plopp.
Emma ist neugierig und zuckelt los.

Stark betonte P-Laute zu klopfenden Fingerbewegungen

Im Wald wimmelt es vor lauter **Ameisen.**
„Ihr seid aber schnell und so wuselig“, staunt Emma.
„Wow – marschiert ihr etwa alle im gleichen
Rhythmus?“
1,2,3,4 1,2,3,4 ....

Auf die Beine patschen und dabei zuerst langsam mitzählen, dann gemeinsam schneller werden.

Am Rand einer Blumenwiese trifft Emma eine **Raupe.**
Ihr dicker Bauch glänzt in der Sonne.
„Puh, ich bin picke-packe vollgefuttert“, stöhnt die
Raupe und schmatzt ein letztes mal.
**Mmmmmh njamm njamm. Mmmmmh
njamm njamm.**

Über den Bauch reiben und Schmatzgeräusche nachahmen.

„Nun kann die Zauberei endlich beginnen.“
Und dann wird es still, ganz still. **„Pssst!"**

Finger auf den Mund legen, lange S-Laute und scharfes „t“.

Ein **Specht** hämmert mit dem Schnabel gegen einen
dicken Baumstamm und pickt nach den vielen Käfern,
die unter der Rinde verborgen sind.
Klock, klock-klock. Klock, klock-klock.

Im Rhythmus auf den Stuhl klopfen, zuerst mitsprechen. Das „k“ betonen.

Am Feldweg entdeckt Emma ein grünes
Heuschreckenmännchen.
Die **Grille** zirpt fröhlich im Gras und springt dann
JIP!
mit einem großen Satz davon.

„Jip“ mit langem „j“ und scharfem „p“, mehrmals hintereinander, dabei mit dem Finger immer wieder von einem Bein aufs andere hüpfen.

Unter einer dichten Hecke baut eine **Kreuzspinne** gerade ein wunderschönes Spinnennetz. **„Hihi"**, kichert die Spinne. „Immerzu im Kreis herum, das wird gut, didummdidumm."	Langes „i" betonen. Rhythmisch sprechen, flüstern, lauter werden, die Finger dazu im Kreis bewegen.	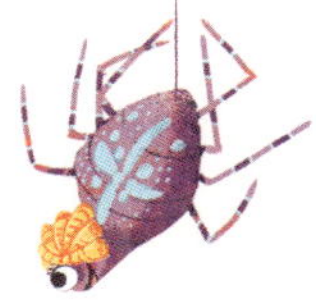
Über einem Wassergraben schillern glänzende **Libellen.** Sie fliegen **hin und her** und **her und hin.** Sie schweben funkelnd auf der Stelle.	Die Arme ausbreiten, den Oberkörper nach rechts und links wiegen. Formen Sie dabei A- und O-Laute.	
Von weitem hört Emma ein fröhliches **Frosch**konzert. **Quak, quak, quak, quak, quak, quak, quak, quak!** Die Frösche quaken die Tonleiter herauf.	Mit den Fingern ein Froschmaul formen und die Tonleiter quaken	
Doch **Emma** ist traurig. Dicke Schneckentränen kullern auf die Erde. **„Plitsch- platsch! Plitsch-platsch!**	Stark betonte „sch"-Laute.	
Plötzlich wackelt der Boden unter Emma. Das Schneckenhaus schwankt hin und her. Ein freundlicher **Maulwurf** lächelt Emma an. „Magst du mir erzählen, warum du so traurig bist?" **Ich liiiiebe Geschichten.**	Langes „ie".	
Die kleine **Schnecke** beginnt, leise zu erzählen. Es dauert gar nicht lange, da hören ihre neuen Freunde gespannt zu. **Schließlich applaudieren sie.** **„Bravooo, Emma! Bravoooo!**	Alle applaudieren. Langes „o".	
So glücklich war Emma schon lange nicht mehr.	Tonleiter auf- und abwärts auf la-la-la singen.	

Den Wortschatz der Gefühle erweitern

ab 4 Jahren

Ziele
Wortschatz erweitern,
Gefühle erkennen

Material
Zeitschriften mit Abbildungen von Menschen
Fotokarton in mehreren Farben
Scheren, Klebstoff, Stifte

Um Gefühle nicht nur zu erkennen, sondern auch zu beschreiben und damit umzugehen, benötigen Kinder einen Gefühlswortschatz: passende Worte, die ihnen helfen, ihre Empfindungen und Beobachtungen auch sprachlich mitteilen zu können. Wo Sprache fehlt, kann es schnell zu Handgreiflichkeiten kommen. Unterstützen Sie Kinder auf dem Weg, ihre Gefühle in Worte zu fassen.

Einstieg

Sammeln Sie bei Kollegen und Eltern kindertaugliche Zeitschriften, in denen viele Menschen abgebildet sind.
Besprechen Sie mit den Kindern, woran man fröhliche, traurige und ängstliche Menschen erkennt und malen auf drei Fotokartons je eines der Gesichter.

Gefühlscollagen

Die Kinder blättern die Zeitschriften durch, schneiden Gesichter in diesen Gefühlslagen aus und kleben sie auf das entsprechende Plakat.
Beschreiben Sie miteinander mit möglichst vielen Adjektiven das Bild und die Stimmung darauf und was die Kinder empfinden.
Notieren Sie die Gefühlsworte auf farbigen Papierstreifen und kleben sie ebenfalls auf dem Karton.

Ausklang

Hängen Sie die Plakate nebeneinander auf, lassen Sie die Kinder staunen und erzählen. Lesen Sie die Gefühlsworte vor und ergänzen mit Ideen, die nun dazukommen.

Tipp

Dieser Link führt Sie zu unterschiedlichen Gefühlsschnecken. Diese können beliebig vergrößert, angemalt und in vielen Bereichen eingesetzt werden.

Gefühlsschnecken
zum Download & selbst gestalten.
www.stayinspired.de/emma

Kamishibai

ab 3 Jahren

Ziele
Sprachförderung, Selbstbewusstsein stärken

Material
DIN A3 Bildkarten zum Buch

Das Erzähltheater ist ein wichtiger Baustein zur Persönlichkeitsentwicklung und zur Erweiterung des Wortschatzes. Lüften wir im geheimnisvollen Kasten den Vorhang und entdecken neue Geschichten, wecken wir rasch die kindliche Neugier und regen zum freien Erzählen an.
Im zweiten Schritt können die Kinder selber malen und Emmabilder fürs Kamishibai gestalten. Wer weiß, vielleicht trifft Emma hier ja noch weitere Tiere?

Einstieg

Falls Kinder das Bilderbuch bereits kennen, überlegen Sie gemeinsam, welche Tiere in der Geschichte vorkommen und wo diese wohnen.
Das Kamishibai ist noch geschlossen. Ein Ritual beim Öffnen – z. B. anklopfen, langsam aufklappen und von einem Kind den Vorhang herausnehmen lassen – fördert die Spannung und Aufmerksamkeit.

Frei reden lernen

Erzählen Sie die Geschichte den Tieren entsprechend in unterschiedlichen Stimmlagen. Lassen Sie Raum zum Entdecken, zu eignen Beiträgen der Kinder. Stellen Sie gezielte Fragen zur Umgebung auf den Bildern – Wald, Wiese, Feld, Wassergraben … . Und auch zu den Gefühlen der kleinen Schnecke.
Ermuntern Sie zu gemeinsamen ersten Geräuschen, wie das Klopfen des Spechtes. Je nach Alter der Kinder zeigen Sie die Geschichte ganz oder in kleineren Etappen. Vielleicht gibt es ein fröhliches Ritual beim Schließen des Kamishibais?

Ausklang

Die Kinder malen Emmas neue Freunde auf großen Blättern. Sprechen Sie gemeinsam ab, wer welches Tier/welche Szene malt.
Schließlich präsentieren die Kinder selber ihre eigene Emma-Geschichte im Kamishibai. Mögen Sie – nach einer Vorstellung in kleiner Runde – dazu eventuell auch Kinder aus anderen Gruppen einladen?

Tipp

Die Kinder überlegen sich weitere Tiere, die Emma am nächsten Tag treffen könnte. Wo liegen die Stärken dieser neuen Freunde? Wer möchte sie malen, um die Geschichte zu ergänzen?

Mit Emma philosophieren

In unserer Geschichte gibt es Situationen, die Emmas Gefühle versteckt oder auch deutlich zum Ausdruck bringen. Kinder spüren das. Hier können Sie ansetzen, gemeinsam über Situationen und Gefühle zu sprechen, sich über Wahrnehmungen auszutauschen. Nachdenkgespräche kurbeln das Hinterfragen an. Kinder, die als Gesprächspartner ernst genommen werden, lernen, offen zu sein für andere Denkweisen und selbstbewusst für eigene Standpunkte einzutreten. Sie werden überrascht sein, wie Kinder Ihnen die Welt erklären und welche Erkenntnisse sie bereits besitzen.

Einstieg

Bereiten Sie eine gemütliche Atmosphäre in ruhiger Umgebung vor.

Kleine Hinweise:

Auch in kleinen Runden ist es wichtig, dass die Kinder ausreden dürfen, nicht ausgelacht werden für ihre Beiträge und möglichst miteinander ins Gespräch kommen. Ermutigen Sie die Mädchen und Jungen, weiter und frei zu überlegen, ohne ihnen das Gefühl zu geben, etwas sei falsch.

Quer denken

Denken Sie gemeinsam quer und ermuntern mit Fragen wie: „Was meinst du – warum ist das so?“ Geben Sie Kindern das Gefühl, die Antwort selber nicht zu kennen und fördern so für alle eine spannende und reizvolle Atmosphäre. Loben Sie mit Worten wie „Das ist wirklich eine tolle Idee!“ und kitzeln so die Bereitschaft zum Überlegen und Erzählen heraus.

Geben Sie ab und an Quatschantworten, z. B. „Das Glück wächst doch an den Bäumen und ihr braucht es nur pflücken, oder?“ und schon werden die Kinder reagieren.

ab 4 Jahren

Ziele
Sprache fördern, quer denken, Empathie entwickeln

Material
ruhiger Raum, gemütliche Atmosphäre

Meinungen austauschen

Wählen Sie eine Szene des Buches und das dazugehörende Zitat.

„Ihre langen Fühler hängen schlapp herunter und das Spiegelbild im See sieht sie traurig an."
„Emmas Fühler schlottern vor Angst! Rasch knuddelt sie sich ein!"
„Alle anderen, alle, können etwas Besonderes! Und ich, – was kann ich?"
„Die kleine Schnecke nahm all ihren Mut zusammen."
„So glücklich war die kleine Schnecke schon lange nicht mehr."

Sprechen Sie mit den Kindern über folgende Fragen:

- Warum ist Emma in diesem Moment traurig, neidisch, ängstlich, mutig oder glücklich?
- Wer kennt diese Gefühle und möchte darüber erzählen?
- Woran erkennen wir, wie sich jemand fühlt?
- Wie können wir darauf reagieren?
- Freut ihr euch gerne mit anderen?
- Wie zeigen wir jemandem, wie toll er ist?

Ausklang

Fassen Sie die Gedanken der Kinder noch einmal zusammen und loben Sie die Kinder für die vielen guten Ideen. Wow! Sie haben selber vieles dazu gelernt!

Kapitel 2

Musik erleben

Die kindliche Entwicklung braucht Musik. Neben der sprachlichen Förderung, die gestärkt wird, sind die sinnliche Erfahrung und das emotionale Miteinander beim spielerischen Musizieren von großer Bedeutung.

Musik und Bewegung lösen im Gehirn komplexe Verknüpfungen aus. Körperbeherrschung, Koordination und soziales Verhalten werden angesprochen. Kinder sind im ständigen Lernprozess. Dabei genießen sie Musik durch ihre natürliche Neugier und ihr oft unerschrockenes Ausprobieren. Fröhliche, musikalische Spielideen, tanzen, singen und rhythmisches sprechen sind wichtige Bausteine, um Kinder an Musik heranzuführen.

Als Erzieher oder Anleiter fällt Ihnen dabei eine wichtige Rolle zu. Schaffen Sie eine schöne Atmosphäre und wählen anfangs Instrumente, die sofort einsetzbar sind. Nehmen Sie wahr, was die Kinder bereits können, loben, suchen Blickkontakt und fördern so durch liebevolle Zuwendung die Lust der Kinder an Musik. Wagen Sie sich selber an Neues heran – Sie werden staunen!

Musikalische Spielideen zu den Tieren

Mit kleinen Bewegungseinheiten zur Musik der Ameisen, Heuschrecken, Libellen und Frösche schenken Sie turbulente Momente und vertiefen nebenher das Wissen um die Tiere.

Einstieg

Zu jedem Tier gibt es eine Illustration im Buch, die wir uns anschauen. Gehen Sie kurz auf die Merkmale ein und lauschen dann dem Beginn der Musik. Klingt sie leise oder laut, langsam oder schnell, fröhlich, spannend oder traurig? Hören wir tatsächlich wuselige Ameisen oder die hüpfende Grille?
Wir überlegen gemeinsam und steigen mit einfachen Utensilien ein.

Musik und Bewegung

Ameisen-Wimmel-Marsch: Als Ameisen tragen die Kinder kleine Stöckchen oder Blätter auf dem Kopf und laufen im Gleichschritt

1,2,3,4, 1,2,3,4,
1,2,3,4,
1,2,3,4.

Sind alle im gleichen Rhythmus, kann das Laufen später begleitet werden durch das Hinzunehmen von Klanghölzern oder selbstgebauter Ameisen-Boomwhackers. (siehe Foto Kita-Ralley)

Jips Grillen-Musik

Die Grille streicht mit ihren Hinterbeinen über die Flügel, dadurch entsteht die Musik. Mit großen Sätzen springt sie durch die Luft.
JIP!
Das können wir gerade am Anfang der Musik hören und schwups – hüpfen auch wir wie Jip. Oder – wir sitzen im Kreis, lauschen der Musik und hüpfen mit dem Zeigefinger zu jedem „Boing" in der Musik von einem Bein aufs andere.
Mit einem über einer Blechdose oder einer Pappschachtel gespannten Gummi können wir das „Boing" prima nachahmen.

ab 3 Jahren

Ziele
Musik umsetzen, Bewegung, Koordination

Material
Blätter und kleine Stöckchen, bunte Tücher oder Gymnastikbänder, grüne Pappe oder grüner Filz und halbe Styroporkugeln als Froschaugen, Kleber, schwarze Stifte, Musiktracks des Hörspiels

Instrumente
Blechdose mit Gummi

Der Libellen-Tanz

Wie die Libellen können wir uns zur Musik frei bewegen.
Zunächst stehen alle auf der Stelle. Die Arme angewinkelt eng am Körper, bewegen die Kinder nur die Hände rasch **auf und ab**. Zu Beginn schaukeln sie hin und her, dann – passend zur Musik, auf und ab. Macht das Surren mit bunten Tüchern noch mehr Spaß? Das probieren wir aus.

Der Laubfrosch-Tango

Die Frösche quaken die Tonleiter herauf – und wieder herunter. Wer quakt mit?
Zum Quaken halten wir beide Hände nebeneinander vor den Mund und klappen das „Froschmaul" auf und zu, dabei bewegen wir uns im Rhythmus der Musik hin und her.

Ausklang

Aus grüner Pappe oder grünem Filz und halben Styroporkugeln lassen sich prima Stirnbänder mit Froschaugen basteln. Rasch schwarze große Punkte auf die Augen gemalt und aufgeklebt. Schon fühlen sich die Kinder wie echte Frösche. Das Frosch-Konzert erklingt noch einmal.

Tipp

Weniger ist manchmal mehr. Blenden Sie die Musik getrost aus, wenn z. B. bei den Ameisen die Bewegungen zu wild werden. Ein bewegter Einstieg in die Musik und anschließendes Lauschen lässt die Musik nachhaltig wirken.

Bewegungslied: Die kleine Schnecke Emma

Emma durchlebt während ihrer Reise unterschiedlichste Gefühle. Mal ist sie fröhlich und putzmunter, mal tieftraurig und schließlich sehr, sehr glücklich. Mit Emmas Lied erleben die Kinder beim Singen ihre Empfindungen und unterstützen diese durch entsprechende Bewegungen. Gleichzeitig entwickeln sie Empathie.

Einstieg

Versammeln Sie sich im Kreis und lauschen dem Lied als Audio oder spielen es auf der Gitarre vor. Die Kinder werden sich rasch von Emmas unterschiedlichen Gefühlen angesprochen fühlen. Überlegen Sie gemeinsam, wie sie Emma-Fühler darstellen können, an welchen Stellen die Schnecke fröhlich klingt und ihrer Fühler munter hin- und her wippen. Wo ist sie traurig und wird langsamer?
Die kurze Fassung des Emma-Liedes ist auch für jüngere Kinder leicht umsetzbar.

Das Emma-Lied

Gestalten Sie die Bewegungen passend zum Text der kurzen Fassung:

Refrain 1: Die Kinder laufen mit wippenden Zeigefingern durch den Raum und singen fröhlich mit.

Refrain 2: Sie bleiben stehen und deuten kullernde Tränen an. „Ihr seid toll!“ kann durch einen gehobenen Daumen, „Was kann ich?“ Durch hochgezogene Schultern symbolisiert werden.

Refrain 3: Emma zuckelt mit wippenden Fühlern weiter, bleibt stehen, zeigt auf andere Kinder und schließlich mit zwei Daumen auf sich selber.

ab 3 Jahren

Ziele

Singen und Bewegung
Gefühle nachempfinden und darstellen

Material

MP3 oder CD, Noten, eventuell Gitarre

Ausklang

Nach der bewegungsreichen Zeit ist es schön, zur Ruhe zu kommen. Wer mag, malt zwei ganz unterschiedliche Emmas: eine traurige mit schlapp herunterhängenden Fühlern und eine strahlende mit lustigen, bunten Fühlern, die sich neugierig noch oben strecken.
Es gibt phantasievolle und kreative Möglichkeiten, Emma zu gestalten. Auf unseren Bildern finden Sie einige Ideen als Anregung. Sicher fallen Ihnen und den Kindern noch viele mehr ein.

Tipp

Möchten Sie mehr singen? Zu jedem Tier gibt es eine eigene Strophe mit gleicher Melodie. (Siehe nächste Seite)

Die lange Liedversion eignet sich prima für eine Vorführung mit Verkleidung.

Liedtext

Die kleine Schnecke Emma

Emma Song

Bei Youtube zu finden unter „Die kleine Schnecke Emma, Emma Song“

Refrain: Die kleine Schnecke Emma, die entdeckt so gern die Welt, staunend bleibt sie stehen, wenn ihr etwas gut gefällt, wenn ihr etwas gut gefällt.

1. Die Ameisen marschieren, kommen niemals aus dem Tritt. Was die alles tragen – immerzu im gleichen Schritt, immerzu im gleichen Schritt.

2. Die Raupe vollgefuttert, spinnt sich leis' einen Kokon. Zaubert hokus pokus – Schmetterling fliegt bald davon, Schmetterling fliegt bald davon.

3. Der Specht, der klopft ganz feste mit dem Schnabel laut klock, klock. Oben auf dem Baum, da – werden Käfer angelockt, werden Käfer angelockt.

4. Die Grillen musizier'n im hohen Gras auf einem Fleck. Hörst du, wie sie zirpen? – Schwuppdiwupp hüpfen sie weg, schwuppdiwupp hüpfen sie weg.

5. Auf spinnenlangen Beinen wird das Seidennetz gewebt. Ganz aus einem Faden – keiner ahnt, dass es so klebt, keiner ahnt, dass es so klebt.

6. Libellen schwirren oben durch die Luft im Sonnenlicht, schimmern bunt und glitzern – spiegeln hell im Wasser sich, spiegeln hell im Wasser sich.

7. Ein stacheliger Schatten, ja das muss ein Igel sein. Er hat großen Hunger – pass gut auf und duck' dich klein, pass gut auf und duck' dich klein!

8. Die Frösche singen munter, quaken lustig etwas vor. Töne rauf und runter – großer, grüner Abendchor, großer, grüner Abendchor.

Refrain: Der kleinen Schnecke Emma kullern Tränen durchs Gesicht. Traurig bleibt sie stehen: „Ihr seid toll und was kann ich? Ihr seid toll und was kann ich?“

9. Der Maulwurf mag das Graben, weil er in der Erde lebt. Baggert, wühlt und schaufelt - bis der Maulwurfhügel bebt, bis der Maulwurfhügel bebt.

10. Die Schneckenfühler wippen, Emma schnappt sich allen Mut. Fängt an zu erzählen - wow, das kann sie wirklich gut, wow, das kann sie wirklich gut.

Refrain: Die kleine Schnecke Emma, die glaubt ganz fest an sich. Fröhlich kriecht sie weiter: „Ich mag dich und dich und mich! Ich mag dich und dich und mich!“

Rhythmische Klänge und Bewegungen

Kinder lieben Musikinstrumente und einfache Rhythmen. Auszüge des Buntspecht-Grooves und ein rhythmischer Sprechvers zur Spinne Charlotte geben ihnen die Möglichkeit, hier mit großem Spaß einzusteigen.

Einstieg

Sitzen Sie im Kreis auf dem Boden. Halten Sie zunächst für sich und dann für die Kinder ein paar Klanghölzer bereit. Lauschen Sie den ersten Klopfrhythmen des Buntspechts auf der CD.

Der Buntspecht-Groove

Der Specht klopft mit seinem Schnabel einen kleinen Rhythmus gegen den Baumstamm.

Klock-klock,klock.

Klock-klock, klock.

Sprechen Sie es vor und klappern mit den Klanghölzern dazu.
Die Kinder ahmen es nach.

Wir klappern, klatschen, klopfen den Rhythmus. Im Herbst eventuell mit Nüssen oder Kastanien.
Wie klingt das Klopfen auf dem Fußboden oder auf dem Stuhl?
Können wir uns einen anderen Rhythmus mit Klanghölzern ausdenken?
Einer klappert vor, die anderen machen es nach.
Der Buntspecht-Groove lädt ein, mit zu grooven. Die Kinder stehen im Kreis, schieben die Hände abwechselnd nach vorne und bewegen die Hüften im Rhythmus zur Musik.

Ausklang

Wir basteln gemeinsam eine Naturcollage. Hier fühlt sich unser Specht sicher wie zu Hause im Wald.

ab 3 Jahren

Ziele
Rhythmische Erfahrungen

Material
MP3 oder CD zum Buntspecht-Groove und zur Spinnen-Musik
Materialien Naturcollage und Spinnennetze

Instrumente
Klanghölzer

Charlotte, die Flotte

Im Hörspiel spricht Charlotte ihren Sprechvers rhythmisch in die Musik hinein. Übernehmen Sie diesen Rhythmus – er ist rasch einfach nachzusprechen. Üben Sie mit den Kindern das hohe Kichern, dann den Vers:

„Charlotte, die Flotte, so nennt man mich und das nicht ohne Grund! Hi hi!

Zunächst ohne Musik und dann in die Musik hinein. Dabei weben Sie mit ausgestrecktem Finger gemeinsam kleine und große Spinnennetze in die Luft. Das macht Spaß! Hihi!

Ausklang

Beim Malen und Basteln eigener Spinnennetze wiederholen die Kinder noch einmal Charlottes rhythmischen Spruch.

Tipp

Vielleicht gibt's coole Groover, die zum Buntspecht-Groove eine Sonnenbrille tragen möchten?
Oder Spinnenkinder, die aus Ästen und Wolle wunderschöne Netze bauen möchten.

Die Schmetterlinge tanzen

Der Blumenwalzer aus Peter Tschaikowskys „Nussknacker“ regt die Fantasie der Kinder an. Das „Entfalten“ der Schmetterlinge aus dem Kokon und das unbeschwerte Flattern kann in der Musik wiedererkannt und durch tänzerische Bewegungen spielerisch dargestellt werden – Bewegungsspaß mit bunten Tüchern.

Einstieg

Versammeln Sie sich im Kreis und lauschen Peter Tschaikowskys Blumenwalzer. Schnell werden die Kinder sich von den sanften Tönen der Harfe angesprochen fühlen. Mit den Streichern fühlen die Kinder den ¾ Takt, wie selbstverständlich wiegen sie sich bereits beim ersten Hören hin und her. Auffallend sind die kurzen, quirligen Momente, die später zu kleinen Drehungen animieren.

Tanz der Schmetterlinge

Zu Beginn machen sich die Kinder ganz klein und hocken als Kokon still auf ihrem Platz. Die Harfe symbolisiert warme Sonnenstrahlen und erreicht die Raupe, die im Kokon zum Schmetterling wurde.

Langsam bewegen sich die Schmetterlinge und strecken sich nach allen Seiten. Das Tempo wird vom eigenen Empfinden bestimmt. Die Kinder breiten die Arme aus, entfalten ihre Flügel und freuen sich. Um sie herum gibt es viele andere Schmetterlinge auf der Blumenwiese. Sie wiegen sich im Rhythmus der Streicher, zuerst zaghaft, dann immer forscher. Die quirligen, kurzen Sequenzen ermuntern zu kleinen Drehungen. Noch eine und noch eine. Aufpassen, dass man dabei nicht mit einem anderen Schmetterling zusammenstößt.

Haben die Kinder bei den Drehungen an Sicherheit gewonnen, können bunte Chiffontücher das Flattern unterstreichen. Zu Beginn liegt das Tuch als Kokon auf dem Kind, später schwingt es fröhlich mit zum Takt der Melodie.

ab 4 Jahren

Ziele

Musik umsetzen, Bewegung, Koordination

Material

Tücher, Musik
Pappstreifen in grün, Tonpapierreste, Kleber

Ausklang

Während im Hintergrund noch einige Male Tschaikowskys Melodie erklingt, malen und gestalten die Kinder einzeln oder gemeinsam eine Blumenwiese. Hier tummeln sich zwischen Gräsern und Blumen Raupen, Kokons und Schmetterlinge.
Alternativ gestalten sie einzeln oder als Gemeinschaftsarbeit bunte Schmetterlinge aus Handabdrücken.

Tipp

Aus einem Streifen fester Pappe (40 cm breit und 6 cm boch) und Tonpapierresten können die Kinder eigene Blumenkronen basteln. Wiederholen Sie den Tanz einige Tage später – nun flattern die Schmetterlinge zwischen bunten Blumen umher.

Zahlen

Gefühle spüren

Kinder sind schon früh in der Lage, Gefühle zu erkennen und zu unterscheiden. Fördern Sie ihr Gespür für Empathie, so stärken Sie damit die Persönlichkeit der Kinder. Mimik, Gestik, das kognitive Verständnis, der Wortschatz und das Vermögen, sich in sein Gegenüber hineinzuversetzen öffnen Kindern weite Türen in die Gefühlswelt.
Besondere Ereignisse, ob geplant oder ungeplant, wirbeln Empfindungen durcheinander und bringen auch bei Jüngeren schon körperliche Reaktionen oder Verhaltensweisen ins Rollen. So lassen Gefühle des Glücks, aber auch der Angst das Herz schneller schlagen. Tiefe Traurigkeit kann sprachlos machen und Kinder zum Weinen bringen.

Emma ist in unserer Geschichte mal ängstlich oder traurig, später mutig und glücklich. Das spiegelt sich im Text, in den Bildern und in der Musik wieder. Ansatzpunkte, um mit Kindern über Gefühle zu sprechen, zu philosophieren ... und das Selbstvertrauen zu stärken.

Ich bin ich

ab 4-5 Jahren

Ziele
Selbstvertrauen, Beobachtungsgabe, Kreativität

Material
Portraits der Kinder in einheitlicher Größe ab 13x18 cm, Bleistift, schwarzer Acrylstift, Acrylfarbe, Pinsel, Keilrahmen (Leinwand) ab 13x18 cm oder Malkarton

Ein wichtiger Schritt in die Gefühlswelt ist die Erkenntnis: Ich bin ich! Mich gibt es nur einmal.
Wie es in uns aussieht, welche Stärken und Schwächen wir haben, sieht man uns oft nicht an. Doch äußerlich lassen sich Unterschiede sehr einfach feststellen und auch kreativ umsetzen. Mit dem Versuch, ein halbes Portrait zu vervollständigen, machen wir Kinder auf feine Unterschiede aufmerksam und regen sie an, sich selbst und andere genauer zu betrachten.

Einstieg

Fotografieren Sie die Kinder im Querformet als Portrait mit Kopf und Schulter. Schneiden Sie das Foto senkrecht durch, so dass die Nase von unten nach oben halbiert wird. Kleben Sie eine Hälfte des Fotos auf einen entsprechend großen Keilrahmen bzw. auf Malkarton (13x18 cm) oder größer.

So sehe ich mich

Die Kinder betrachten sich im Spiegel und beschreiben sich: Gesichtsform, Farbe und Form der Augen, Größe der Nase, die Länge der Haare, die Form des Mundes ...
Erkennen sie genau dies auf ihren halben Fotos wieder?
Mit Bleistift malen sie nun die Konturen der fehlenden Gesichtshälfte und zeichnen diese und die Haare mit schwarzem Acrylstift nach. Nur Augen und Lippen werden angemalt. Das Gesicht bleibt weiß.
Der Hintergrund der gemalten Gesichtshälfte wird mit Pinsel und Acryl in bunten Farben kreativ gestaltet.

Bildergalerie

Gestalten Sie mit allen Bildern eine kleine Fotogalerie und sprechen Sie gemeinsam über die Unterschiede
Alternativ: Mit älteren Kindern können Sie den Ansatz ändern: Die Kinder betrachten sich zuerst im Spiegel, malen eine Gesichtshälfte und kleben dann das Foto auf. Hier ist große Beobachtungsgabe gefordert.

Emmas Schnecken-Handpuppen-Spiel

ab 3 Jahren

Ziele
Selbstvertrauen stärken

Material
Schneckenhandpuppe nach Wahl

Kinder blicken oft neidisch auf andere, wenn diese durch besondere Fähigkeiten in den Mittelpunkt rücken. Dabei muss man kein Held sein, um etwas zu zählen. In jedem von uns steckt etwas, dass er mag oder gerne macht.
Und auch Kinder, denen vieles gelingt, sind nicht wertvoller.
Dies allen immer bewusst zu machen, ist eine lohnende Aufgabe.

Einstieg

Sorgen Sie für eine gemütliche, ruhige Atmosphäre. Die Kinder sitzen um Sie herum im Kreis. Sie schlüpfen mit einer kleinen Schneckenhandpuppe in Emmas Rolle.

Emma ist neugierig

Emma erzählt zuerst von sich und fordert die Kinder dann auf, über ihre Stärken oder Vorlieben zu berichten.
„Ich heiße Emma und ich liebe den Regen. Ich mag es, neue Freunde kennen zu lernen. Und eines kann ich besonders gut: ich erzähle gerne. Wie heißt du? Was magst du gerne? Und kannst du etwas besonders gut?"
Die Kinder antworten und schlüpfen dann in Emmas Rolle als Fragensteller: „Ich heiße Emma. Möchtest du uns etwas über dich erzählen?"

Das nächste Kind antwortet. Jeder darf zunächst ausreden, dann kann es kleine Denkanstöße geben. Sie werden rasch merken, wer sich wohl fühlt und wer lieber kurz und knapp berichtet. Danach wird auch dieses Kind zum Fragensteller.

Eine bunte Truppe

Loben Sie alle Kinder und weisen Sie auf die Vielfalt hin, die diese bunte Gruppe mit all ihren Vorlieben und Fähigkeiten erst ausmacht. Vielleicht locken Sie am Ende Kinder zum Mitmachen, wenn Sie folgende Fragen stellen:
Wer kann gut trösten?
Wer kann prima zuhören?
Wer malt oder bastelt gerne?

Tipp

Wiederholen Sie das Handpuppenspiel einige Zeit später mit anderer Fragestellung – Kinder werden nicht mehr so aufgeregt sein und zunehmend mehr erzählen.

Mutige voran

ab 3 Jahren

Ziele
Eigene Stärken und Mut spüren

Material
glatte Steine, mit einem Smiley bemalt, wasserfeste Stifte

Herausforderungen, die mit Ängsten verbunden sind, benötigen Mut. Kennen Sie die Stärken der Kinder? Wie wäre es mit kleinen Mutproben, die alle meistern können und das Selbstvertrauen der Kinder stärken?

Einstieg

Emma zögert, als der Maulwurf sie bittet, von ihren Erlebnissen zu erzählen. Sie sammelt zunächst ihren Mut. Fragen Sie die Kinder, wer auch schon einmal mutig war und darüber berichten möchte. Kommen Sie über „mutige Geschichten“ ins Gespräch.

Mutproben in der Natur

Überraschen Sie die Kinder z. B. bei einem Ausflug in den Wald mit Mutproben, die Spaß bereiten.

- auf einem Baumstamm klettern und herunterspringen
- mit nackten Füßen über den Waldboden laufen
- sich hintereinander an einem Seil festhalten und mit verbundenen oder geschlossenen Augen führen lassen
- zu zweit abwechselnd die Augen schließen und sich über den Waldweg führen lassen
- ….

Machen Sie Fotos der „Mutproben“ und hängen diese später als Erinnerung aus.

Mut-Steine

Verstecken Sie vorbereitete, mit einem Smiley bemalte Mut-Steine unter Laub. Die Kinder suchen und wer einen findet, darf ihn mitnehmen. Später schreiben alle den eigenen Namen auf ihren Stein.
Die Steine sind eine Erinnerung an einen Tag mit vielen mutigen Momenten. Wer weiß, vielleicht geben Sie auch Selbstvertrauen für kommende, brenzlige Situationen.

Tipp

Ermutigen Sie die Kinder immer wieder durch freundliches Zunicken, ermunternde Worte, ein fröhliches Augenzwinkern … und zeigen so Zuspruch und Wertschätzung.

Schnecken-Post mit Mutmach-Tipp

ab 4 Jahren

Ziele
Mutmach-Tipps teilen

Material
Briefe mit Umschlag, farbige Zettel

Manchmal ist es schwer, genug Mut für unbekannte Situationen aufzubringen. Emma erhält Unterstützung durch Maulwurf Max. Er lächelt ihr aufmunternd zu. Sich Rat von „Erfahrenen“ zu holen ist ein schöner Weg für alle Beteiligten.

Einstieg

Auch Eltern und Großeltern mussten in ihrem Leben schon häufig mutig sein. Vielleicht verraten sie Tricks, die sich bewährt haben.
Überlegen Sie mit den Kindern, wen aus ihrem Umfeld sie fragen möchten.

Schnecken-Post

Schreiben Sie gemeinsam mit den Kindern einen Brief. Das Kuvert ist auch für die Antwort gedacht, auf der Rückseite steht deshalb Mutmach-Tipp von ...
Die Kinder bemalen die Vorderseite mit einer fröhlichen Schnecke. Der Umschlag wird nun mit Brief und farbigen Zetteln gefüllt und persönlich beim Abholen übergeben. Bitte weisen Sie auf die wichtige Schneckenpost und die Mithilfe hin.

Die Antworten werden in den folgenden 2-3 Tagen eingesammelt und im Kreis gemeinsam besprochen. Das kann sehr spannend und spaßig sein.
Emma zögert, als der Maulwurf sie bittet, von ihren Erlebnissen zu erzählen. Sie sammelt zunächst ihren Mut. Fragen Sie die Kinder, wer auch schon einmal mutig war und darüber berichten möchte. Kommen Sie über „mutige Geschichten“ ins Gespräch.

Eine Wäscheleine voller Tipps

Hängen Sie die Tipps der Eltern und Großeltern an einem großen Zweig oder eine Leine zusammen mit den Briefumschlägen auf und sprechen eine Weile später die Tricks noch einmal an.

Hallo Mama und Papa! Hallo ...

In meiner Kita lesen wir das Bilderbuch von der kleinen Schnecke Emma. Die ist manchmal fröhlich, traurig und auch mutig.
Warst du auch schon mal mutig? Wir sammeln gerade Geschichten, die uns helfen, wenn der Mut zu klein oder die Angst zu groß ist. Gibt es einen Trick, der dir hilft, mutig zu sein? Dann schreibe ihn bitte auf und stecke den Zettel in diesen Umschlag. Danke, dass du uns hilfst! Das ist toll!

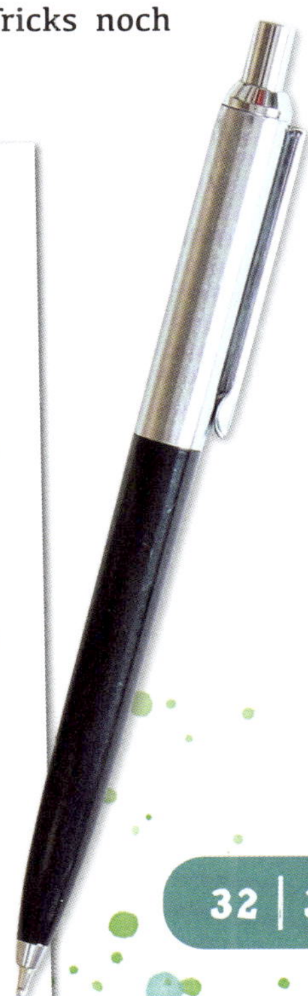

Oh Schreck!

ab 4 Jahren

Ziele
Angst begegnen – ein Monster malen

Material
Große Blätter, Stifte, eventuell Materialien für Haare, Hörner o.ä.

Kleine und große, junge und alte Menschen – allen haben immer mal wieder Angst. Sie schützt uns davor, eine neue oder scheinbar gefährliche Situation vorsichtig anzugehen. So wie Emma, die sich einknuddelt, als sie den riesigen Igelschatten entdeckt. Wir können lernen, die Angst nicht zu übermächtig werden zu lassen. Kinder sollten sie benennen und überlegen, wie sie ihr begegnen können.

Einstieg

Erklären Sie den Kindern, wie wichtig Angst ist. Sie warnt uns vor Gefahren und zwingt uns zu Entscheidungen: Laufen wir weg oder bleiben wir stehen und denken nach?

Mein Grusel-Monster

Viele Kinder haben Angst vor gruseligen Gestalten. Überlegen Sie gemeinsam, wie ein furchterschreckendes Monster aussehen könnte. Hat es große Zähne? Ein oder zwei riesengroße Augen? Hörner? Gefährliche Krallen? Wie ist seine Hautfarbe? ...
Der Fantasie sind keinen Grenzen gesetzt.
Die Kinder malen auf großen Blättern ihr Schreckensungetüm und ganz unten in der Ecke zittert Emma im eingeknuddelten Schneckenhaus.

Emmas Monster-Meinung

Hängen Sie die Bilder auf und sprechen Sie als Emma mit ihm. „Hallo Monster! Sei nicht traurig, dass du so aussiehst. Mir gefallen deine roten Zacken, deine krumme Nase, deine schiefen Zähne .... besonders gut. Du bist irgendwie anders, aber auch irgendwie schön.“ Möchte eines der Kinder in Emmas Rolle schlüpfen?

Tipp

Legen Sie mit den Kindern ein Schreck-Weg-Bilderbuch an.
Sie konnen immer dann ein Bild malen, wenn sie sich vor etwas fürchten. Auch tolle Tricks gegen Angst werden hier gesammelt.

Das Angst-weg-Spiel

ab 3 Jahren

Ziele
Selbstvertrauen stärken

Material
Schneckenhandpuppe nach Wahl

Angst äußert sich oft auch durch Herzklopfen, so wie bei Emma, als sie den Igel trifft. Um Angst auszuhalten und ihr zu begegnen gibt es, Tricks und Ideen, mit denen Kinder fröhlich aktiv werden können.

Einstieg

Die Kinder bringen von zu Hause viele kleine Tierfiguren mit. Auf dem Boden oder auf einem Tisch in der Mitte des Stuhlkreises liegt ein farbiges Tuch. Die Tiere werden rundherum aufgestellt. Setzen Sie auch Maus, Schnecke, Löwe und Vogel hinzu, falls diese fehlen sollten.

Ich habe Angst vor ...

Heute wollen Sie gemeinsam mit den Kindern überlegen, welche Tiere bei Angst helfen könnten.
Je lustiger eine Antwort, desto kleiner wird die Angst.
Beispiele:
Einer beginnt: „Ich habe Angst vor .... Dinos!“ Ein anderes Kind könnte den Vogel auf das Tuch setzen und sagen: „Für den Vogel sieht der Dino aus wie eine kleine Maus!“
Das nächste Kind sagt: „Ich habe Angst, wenn meine Nachbarin laut schimpft!“
Die Maus landet auf dem Tuch und ein Kind sagt: „Die Nachbarin klettert vor Angst auf den Stuhl, wenn sie ein klitzekleine Maus sieht!“ oder „Der Löwe brüllt viel lauter als die Nachbarin!“
Dieses Spiel braucht ein wenig Übung, doch ältere Kinder haben rasch sehr viel Spaß.

Ausklang

Sprechen Sie mit den Kindern darüber, was ihnen bei Angst hilft. Einige Ideen finden Sie in unserem Erste-Hilfe-Kasten.

Erste Hilfe gegen Angst

- Kuscheln mit Mama oder Papa
- Einen Freund bei sich haben
- Ein Kuscheltier knuddeln
- Verkriechen in einer selbstgebauten Höhle
- Ruhig atmen, bis das Herzklopfen nachlässt
- Ein Bild malen

ab 3 Jahren

Ziele
Trauer und traurig sein zeigen
Empathie entwickeln

Material
Illustration der traurigen Emma, Bild eines traurigen Menschen
Farbstifte, Glitzer, Kleber, Kiste mit glatten Steinen

Tröste-Steine

Jedes Kind geht anders mit Trauer um. Sehr häufig helfen jedoch Rituale, um diese Gefühle zu benennen und die Traurigkeit offen zeigen zu können. Ein wichtiger Schritt, um zurück und nach vorne zu schauen.

Einstieg

Zeigen Sie den Kindern die Illustration der traurigen Emma. Warum weint Sie? Zeigen Sie nun das Bild eines traurigen Menschen. Kommen sie ins Gespräch darüber, was ihn so traurig machen könnte. Ward ihr auch schon mal so traurig und warum?

So geht's

Legen Sie einen glatten Stein in ihre geöffnete Hand und erzählen sie, warum solch ein Stein zu einem besonderen Tröste-Stein werden kann.
Ist man traurig, kann man einen Tröste-Stein gestalten und etwas auf den Stein malen, das an jemanden erinnert oder einfach fröhlich stimmt. Eine Blume, eine Sonne, einen Namen ...
Wenn das Kind mag, sprechen Sie über seine Gefühle.

Der Tröste-Stein kommt zunächst an einen festen Platz, nach einem vorher bestimmten Zeitpunkt, dann legen Sie ihn in den Garten an einen Baum oder geben ihn mit nach Hause.

Ausklang

Zeigen Sie den Kindern eine Kiste mit Steinen, von denen sie sich immer dann einen nehmen können, wenn sie wirklich traurig sind.

Tipp

Über Gefühle wie Angst und Glück mit Kindern zu philosophieren, macht großen Spaß! Anregungen finden Sie im Bereich Sprachförderung.

Kuschel-Ort Hängematte

ab 4 Jahren

Ziele
sich zurückziehen dürfen

Material
eine große Hängematte
Papier, Wolle, Stifte
Schere für gebastelte Hängematte

Traurige Kinder rühren uns an – oft möchten wir sie schnell wieder fröhlich stimmen. Doch die Trauer muss erlebt werden. Kinder müssen lernen, mit ihr umzugehen. Wir können helfen, sie auszuhalten und zu überwinden. Manche Kinder möchten getröstet werden, andere wollen alleine sein und suchen Rückzugsorte.

Einstieg

Sprechen Sie mit den Kindern über Orte, an denen sie sich zu Hause fühlen, z. B. in der Kita, bei Oma und Opa .... Eine Hängematte kann ein Wohlfühlort und für traurige Momente ein tröstender Ort sein. Hier kann man sich einkuscheln und alleine sein.
Hängen Sie – wenn möglich – gemeinsam eine Hängematte an einen vorbereiteten Ort auf und lassen Sie die Kinder darin liegen.

Meine eigene Hängematte

Basteln Sie mit der Gruppe kleine farbige Papier-Hängematten und stellen diese zusammen auf ein Regal oder die Fensterbank.

Ausklang

Am nächsten Tag basteln die Kinder sich selber als Papierkind oder – alternativ im Herbst z. B. als Kastanienmännchen – und legen es in die Hängematte. Na, ob sich dort alle wohlfühlen?

Tipp

Sammeln Sie mit den Kindern Ideen für Rückzugsorte:

- Hängematte
- Gebaute Höhle
- Indianerzelt
- Sofa mit vielen Kissen

Glücksmomente entdecken

ab 3 Jahren

Ziele
Glücksmomente im Alltag entdecken

Material
Bilder

So glücklich wie Emma am Ende ihrer Entdeckungsreise kann man immer wieder sein. Sensibilisieren Sie Kinder für besondere Augenblicke. Lassen Sie sie mitbestimmen und vieles selber ausprobieren. Vermitteln Sie ihnen, wie wertvoll jeder Einzelne ist und wie schön es sein kann, Alltägliches zu genießen.

Einstieg

Überlegen Sie gemeinsam, worüber sie sich täglich freuen dürfen. Ich bin glücklich, wenn, weil, mit .... Sprechen Sie verschiedene Bereiche an: Familie, Freunde, Spiele, Essen, Kleidung, Musik, Kita, Natur, Urlaub ...
In vielen Kulturen gibt es Glücksbringer. Kennen die Kinder einige Beispiele? In Deutschland sollen das vierblättrige Kleeblatt, der Schornsteinfeger, das Schwein, ein Centstück oder die Sternschnuppe Glück bringen. Kennen die Kinder vielleicht auch Glücksbringer aus anderen Ländern. In Thailand ist es der Elefant und in den USA der Traumfänger.

Alltagsglück malen

So vielfältig ist Glück und oft so selbstverständlich, dass wir es oft nicht wahrnehmen. Die Kinder malen ihre Alltagsglücks-Gegenstände auf große, helle Tonpapier-Bögen. Reden Sie darüber!

Glückstagebuch gestalten

Regelmäßig über Dinge zu sprechen, die einen glücklich machen, steigert die Achtsamkeit. Vielleicht kann es zum Ritual werden, an einem bestimmten Tag in der Woche in Ihrer Einrichtung über Glück zu sprechen und in ein Glückstagebuch zu malen.
Eine kleine Anregung: Der kurze, fröhliche YouTube-Film „Wir teilen das Glück" ist online. Hier haben Kinder für Kinder kleine Clips gedreht und verschenken damit Glücksmomente. Den Refrain können alle sofort mitsingen und ratzfatz in Bewegung kommen.

Ausklang

Am nächsten Tag darf jeder einen Glücksgegenstand von zu Hause mitbringen und erzählen, warum dieser glücklich macht.

Ich bin glücklich in vielen Sprachen ...

I'm happy	England
Ik ben blij	Niederlande
Sono felice	Italien
Estoy feliz	Spanien
...	

Glück Film
Bei YouTube zu finden unter „Wir teilen das Glück"

Wunschtag für die Kids

ab 3 Jahren

Ziele
eigene Wünsche benennen
Selbstbestimmung

Material
Ankündigung mit Abreißzettel

Es ist Emmas Entscheidung, sich einen Ruck zu geben und mutig zu erzählen. Und sie alleine beschließt am Ende, neue Geschichten zu sammeln. Damit möchte sie sich und andere glücklich machen.
Vieles entscheiden Erwachsene, bei einem Wunschtag haben Kinder das Sagen. Sie sind die Bestimmer und darüber sicher besonders glücklich.

Einstieg

Erzählen Sie den Kindern, dass es einen Wunschtag geben wird, bei dem sie die großen Bestimmer sein werden.

Wünsche sammeln

Sprechen Sie über Wünsche für eine Unternehmung, Spiele, Lieder, einen Film, besonderes Essen, ein Motto für den Wunschtag ....
Beziehen Sie auch die stillen Kinder in die Planungen mit ein.
Informieren Sie die Eltern.
Steigern Sie die Vorfreude durch eine große Ankündigung mit Abreißzettel ab eine Woche vorher.

Wunschtag-Erinnerungen

Schießen Sie am Wunschtag Fotos und hängen diese später aus.

Tipp

Wunschtag-Regeln

- Alle dürfen mitmachen.
- Nichts darf beschädigt werden.
- Der Spaß steht im Vordergrund.
- Bleiben Sie am Wunschtag locker und haben selber Spaß!

Kapitel 4

Tiere entdecken

Raus aus dem Kindergarten, rein in die Natur! Kinder lieben es, ihre Umwelt zu erforschen. Kommen Tiere ins Spiel, sind sie nicht mehr zu halten. Ausgestattet mit Gummistiefel und Lupe werden sie zu Wald- und Wiesenforschern.
Emmas neue Freunde stammen aus dem Erlebnisumfeld der Kinder – die meisten wissen, wie Ameisen, Raupe, Specht, Libellen und Co. aussehen. Es wird ihnen jedoch Spaß mache, mehr über diese Tiere zu erfahren.

Was ist ein Ameisenhügel?
Wie entstehen die zirpenden Geräusche der Grille und wie Charlottes Spinnennetz?
Wie viele Stacheln hat ein Igel?
Warum können Frösche so laut quaken?

Erleben Sie gemeinsam einen Tag im Wald und kommen sie vielen Geheimnissen auf die Spur.
Dabei bietet der Wald Raum, ausgelassen zu toben und Gemeinschaft zu erfahren, sich aber auch zurückzuziehen oder einfach nur zu genießen.
Mit den Infos und Bildern zu allen Tieren entdecken Kinder spannende Details. Gleichzeitig erfahren sie Wichtiges über das natürliche Lebensumfeld der Wald- und Wiesenbewohner.

Werde Wald- und Wiesenforscher!

Emma begegnet bei ihrem Abenteuer vielen unterschiedlichen Tieren und staunt über deren unterschiedliche Fähigkeiten. Bei Ausflügen in die Natur werden die Kinder selbst zu kleinen Entdeckern. Beobachten, erforschen, lauschen, Wissen erweitern, Naturschätze sammeln, toben... – die Möglichkeiten sind vielfältig und machen Spaß!
Nutzen Sie die kindliche Neugier und den natürlichen Bewegungsdrang für unvergessliche Momente!

Ausstattung für jedes Kind

Lupe, leeres Marmeladenglas mit Schraubverschluss und Luftlöchern, Beutel oder Rucksack für Fundstücke (Lupe)

Beobachtungsstation

Lotse kleine Krabbler ins Marmeladen- oder Lupenglas. Betrachte sie von allen Seiten und lasse sie wieder frei.

Waldforscher

Schleiche auf leisen Sohlen und störe die Wald- und Wiesenbewohner nicht. Welche Tiere spürst du auf? Welche Bäume kommen dir bekannt vor? Kennst du ihre Früchte?

Wiesengeheimnisse

Was kribbelt, krabbelt und summt denn da? Wer wohnt unter der Wiese?

Sammelsorium - ab in den Beutel

Stöcke für ein großes Spinnennetz, Kastanien, Eicheln, Baumrinde, Tannenzapfen, bunte Blätter ... zum Basteln

Schni-Schna-Schnecken - Infos!

Schnecken gehören zu den Weichtieren.

Die Weinbergschnecke ist eine gehäusetragende Landschnecke, die in Wäldern, Gebüschen und auf nicht zu trockenen Feldwegen lebt. Sie mag Wärme besonders gerne.

Der Schneckenschleim ist wie ein Schutz – so können die Tiere über scharfe Gegenstände kriechen, ohne sich zu verletzen. Der feuchte Film auf der Haut schützt vor Austrocknung bei Hitze und in der Sonne.

Das Schneckenhaus hat fast immer die Form einer rechtsgängigen Schraube. Nur bei etwa einem von 20.000 Exemplaren ist sie linksgängig. Diese Tiere nennt man auch Schneckenkönig.

Bei Nacktschnecken gibt es kein sichtbares Gehäuse.

Beim Kriechen streckt die Schnecke ihre vier Fühler aus. In einer Minute kommt sie etwa 4 m weit. Bei Gefahr zieht sie sich in ihr Schneckenhaus zurück. Auch Klettern klappt prima.

Eine ausgewachsene Weinbergschnecke wird bis zu 10 cm lang.

Die Weinbergschnecke besitzt in den Enden der beiden langen, oberen Fühler ihre Augen. Sie ernährt sich von weichen, welken Pflanzenteilen.

Superstarke Ameisen

Alle Ameisenarten leben in großen Staaten, manchmal mit Millionen Tieren.

Es gibt drei verschiedene Typen von Ameisen in einem Ameisenbau: Die Königin (legt Eier), die geflügelten Männchen (zur Fortpflanzung) und die Arbeiterinnen (sammeln Nahrung und beschützen das Nest vor Eindringlingen).

Nur die weiblichen Ameisen arbeiten. Männliche Ameisen werden ausschließlich zur Paarung mit der Königin aufgezogen.

Manche Ameisenarten halten sich Blattläuse als Haustiere, die sie regelmäßig melken. Die Blattläuse sondern dabei süßen Honigtau ab. Im Gegenzug für die schmackhafte Nahrung beschützen die Ameisen die Blattläuse vor anderen Insekten.

Ameisen verständigen sich über Duftstoffe untereinander.

Ameisen können 100x so viel wie ihr Eigengewicht transportieren. Ein durchschnittlicher Mensch (80 kg) müsste demnach 8000 kg stemmen.

Europäische Ameisen halten von Oktober bis mindestens Februar Winterruhe.

Ameisen sind wichtige „Abfallentsorger“ für Ökosysteme, indem sie tote Tiere sammeln und verwerten. Gleichzeitig verbessern Ameisen auch die Qualität des Bodens. Durch ihre Nester lockern sie nicht nur den Boden auf, sondern tragen auch Nährstoffe ein und machen ihn so insgesamt fruchtbarer.

Raupe Florentine zaubert

Schmetterlinge legen Eier, aus denen kleine Raupen wachsen.

Überall dort, wo Pflanzen wachsen, können Raupen und Schmetterlinge vorkommen: auf Wiesen, auf Feldern, an Büschen, Waldrändern und in Wäldern.

Diese Raupen fressen sich satt und rund und verpuppen sich dann. Dazu bindet sich die Raupe an einem Stängel fest und spinnt sich in einem Kokon ein. Von außen sieht es so aus, als würde nichts geschehen, aber im Innern des Kokons wird es sehr spannend. Aus dem Raupenkörper entsteht ein ganz neues Lebewesen mit Flügeln und Beinen – der Schmetterling.

Schmetterlinge leben häufig nur einige Tage oder Wochen.

Nur einige Arten können als ausgewachsene Tiere auf Dachböden, in Kellern, in hohlen Bäumen oder an anderen geschützten Orten überwintern.

Die Farbe der Flügel entsteht durch ganz feine Farbschuppen. Manche Schmetterlinge haben rund eine Million solcher Farbschuppen auf ihren Flügeln. Die Farbschuppen bilden wunderschöne Muster, durch die sich die verschiedenen Arten voneinander unterscheiden lassen.

Schmetterlinge haben einen dünnen Körper mit vier großen, oft bunten Flügeln.

Hallo Specht!

Spechte leben meist einzeln oder als Paar in Wäldern und Gärten.

Die Vögel mit dem langen Schnabel und einer extrem langen Zunge ernähren sich von Insekten, die sie in oder unter der Baumrinde oder in morschem Holz finden. Dazu klettern sie an den Bäumen aufwärts und suchen nach hohlen Stellen, indem sie mit dem Schnabel die Stämme abklopfen.

Ein Specht kann 20 Schläge pro Sekunde ausführen, am Tag bis zu 12000x seinen Schnabel gegen Holz klopfen. Zum Glück ist sein Schädel von auffallend starken Muskeln umgeben, die als Stoßdämpfer dienen. So bekommt er keine Kopfschmerzen.

Sie bewegen sich fast nur kletternd, hüpfen ungeschickt auf dem Boden und fliegen ungern weite Strecken.

Spechte sind Höhlenbrüter. Sie zimmern ihre Bruthöhlen in den Baumstamm und legen dort drei bis acht Eier, die von Männchen und Weibchen ausgebrütet werden.

Jip, der Grashüpfer

Heuschrecken haben ein besonderes Sprungvermögen und sind schnelle, ausdauernde Flieger.

Im Sommer fallen sie durch ihr lautes Zirpen auf – damit locken die Männchen ein Weibchen an und verteidigen gleichzeitig ihr Revier.

Die Geräusche entstehen durch das Reiben der Beine an den Flügeln. Hier befinden sich kleine Zähnchen, die Schrillkante. Durch das Reiben schwingen die Zähnchen und wir hören die typischen Kratz- und Zirplaute.

Man unterscheidet zwischen Kurzfühlerschrecken und Langfühlerschrecken. Grillen erkennen wir an ihren langen Fühlern.

Charlotte, die Flotte

Sie hat 8 Beine, das unterscheidet sie von Insekten mit 6 Beinen.

Bei einer Erschütterung des Netzes durch das gefangene Insekt kommt die Spinne sofort herangelaufen, lähmt die Beute durch einen Giftbiss und saugt sie aus.

Bei einem Radnetz entsteht zuerst der Rahmen, der an den Zweigen aufgehängt wird. Es gibt einen sehr starken Tragfaden, danach werden die Speichenfäden und die Spirale ins Netz eingezogen. Für die klebrige Spirale benötigt die Spinne nur etwa 40 Minuten. Es werden etwa 18 Meter Faden benötigt. Sie kommen aus 600 winzigen Drüsen am Hinterleib.

Für Menschen ist eine Kreuzspinne ungefährlich.

Die Kreuzspinne ist gelb-braun. Ihr Kennzeichen ist das weiße Kreuz auf dem Rücken.

Die Libellen tanzen

Libellen leben in der Nähe von Wasser.

Der Hinterleib besteht aus 10 einzelnen Teilen.

Libellen sind Fluginsekten mit Vorder- und Hinterflügeln und 6 Beinen.

Libellen können nicht stechen und sind auch nicht giftig. Sie sind für den Menschen völlig harmlos, aber schön anzusehen.

Sie können ihre beiden Flügelpaare auch unabhängig voneinander zu bewegen, plötzlich die Richtung wechseln, in der Luft stehen bleiben oder bei einigen Arten sogar rückwärts fliegen.

Sie ernähren sich von anderen Insekten.

Der Kopf der Libellen ist deutlich von den drei Brustteilen getrennt und dadurch sehr beweglich. Auffällig sind die großen Facettenaugen.

Der stachelige Igel

Igel gehören zur Familie der Insektenfresser.

An den braunen Stacheln mit weißer Spitze sind Igel ganz leicht zu erkennen. 8.000 von diesen Stacheln tragen sie auf dem Rücken.

Am liebsten treiben sich Igel an Waldrändern und Hecken sowie im Gestrüpp und im Unterholz herum. In der Stadt trifft man die Stacheltiere meistens in Gärten und Parkanlagen. Denn dort finden sie genug Verstecke.

Igel verkriechen sich tagsüber gerne in Felsspalten, Erdhöhlen, Scheunen oder im Gebüsch. Dann können sie ungestört schlummern.

In den sehr kalten Monaten halten sie einen Winterschlaf.

Stacheligel rollen sich bei Gefahr zu einer Kugel zusammen und richten ihre Stacheln auf. Die Stacheln sind hohle Haare. Jeder Stachel besitzt einen Aufrichtmuskel. Der Bauch, das Gesicht und die Gliedmaßen des Igels sind mit Fell bedeckt.

Igel sind nachtaktiv, – sie gehen erst spät abends auf Futtersuche. Am liebsten mögen sie Insekten oder Larven und manchmal auch Wurzeln.

Fröhliches Froschkonzert

Frösche haben einen rundlichen Körper, lange, kräftige Hinter- und kurze Vorderbeine. Meist sitzen sie in hockender Haltung am Rand eines Tümpels oder auf dem Blatt einer Wasserpflanze.

Unsere einheimischen Frösche sind oft grün oder bräunlich gefärbt. Einer der schönsten Frösche ist der gerade mal fünf Zentimeter große Laubfrosch: Er ist leuchtend grün.

Das breite Froschmaul ist zahnlos, Frösche fangen ihre Beute mit ihrer langen Zunge.

Frösche und Kröten sind Fleischfresser - sie ernähren sich von Insekten, Larven, Spinnen und Würmern.

Vorder- und Hinterfüße haben jeweils fünf Zehen und Schwimmhäute, da sie die meiste Zeit im Wasser leben.

In den Tropen gibt es auch kunterbunte Frösche: Sie können rot, türkisblau oder knallgelb sein, getupft oder gestreift.

Jeder weiß, wie ein Frosch quakt. Dass so kleine Tiere so laut rufen können, liegt an ihrer Schallblase: Manche Frösche kann man bis zu 500 Meter weit hören. Je nach Art haben Frösche eine oder zwei Schallblasen. Bei uns quakt der Laubfrosch am lautesten. Er hat nur eine Schallblase, die er aber so gewaltig aufblähen kann, dass sie fast so groß ist wie der ganze Frosch. Damit will er nicht nur sein Revier abgrenzen, sondern vor allem Weibchen anlocken.

Die meisten Froschlurche suchen zur Vermehrung ein Gewässer auf, um dort Laich abzulegen. Nach mehreren Tagen entwickeln sich daraus Kaulquappen. Nach zumeist mehreren Monaten Wasseraufenthalt haben sich Hinterbeine und später Vorderbeine entwickelt und die Kiemen bilden sich zurück.

Max, der Maulwurf

Er ernährt sich von Regenwürmern, Insekten, Schnecken und Larven und hält keinen Winterschlaf.

Bis in 1m Tiefe legen sie eine oder mehrere Nestkammern an, die mit Pflanzenmaterial gepolstert werden.

Maulwürfe sind Säugetiere und Insektenfresser. Sie verbringen den Großteil ihres Lebens in selbst gegrabenen, unterirdischen Gängen. Dabei schieben sie die Erde an die Oberfläche und so entstehen Erdhügel.

Maulwürfe haben lange, schmale Körper und schaufelförmige Hände mit jeweils 5 bekrallten Fingern – so können sie sich in schmalen Gängen gut fortbewegen.

Ein Maulwurf hat 44 Zähne, um die spitze Schnauze herum gibt es viele Tastsinneszellen. Er ist nicht blind, kann aber nicht gut sehen. Seine Ohren liegen versteckt im Fell, damit keine Erde hineinfallen kann.

Menschen mögen Maulwürfe oft nicht wegen der Maulwurfshügel im Garten. Die Tiere gibt es immer seltener, denn die Lebensräume werden knapper, wenn Städte und Autobahnen wachsen.

Kapitel 5

Feste feiern

Emma gibt Ihrem Kindergartenfest einen bunten Rahmen mit vielen Möglichkeiten. Als Abschluss eines Projektes können Sie hier Elemente der vergangenen Wochen oder Monate aufgreifen. Die Kinder stecken tief im Thema – nun können sie den Erwachsenen einige ihrer Bilder, Bastelarbeiten, Tänze und Lieder präsentieren. Mit einem abwechslungsreichen Programm, ein wenig Organisationsgeschick und Freiraum für Begegnungen wird ein solches Fest zu einem fröhlichen Miteinander für alle. Bitten Sie die Eltern um rege Mithilfe – die gegenseitige Unterstützung macht viele Aktivitäten erst möglich und trägt zu einem gelungenen Fest bei. Emma und ihre tierischen Freunde lassen sich prima in eine Kita-Rallye mit einzelnen Stationen einbauen. Malen und Werkeln gehören unbedingt dazu. Witzige Parcours und Wettspiele mit Kindern und Eltern sorgen für besonderen Spaß und auch kindgerechte kulinarische Häppchen lassen die Herzen höherschlagen. Einen besonderen Höhepunkt schaffen Sie mit einer gemeinsamen Singrunde oder einem Emma-Theaterstück. Ob Kinder für die Gäste oder Eltern für die Kinder spielen ist nicht vorrangig – miteinander glückliche und nachhallende Momente zu erleben, ist das, was am Ende zählt. Viel Spaß beim Planen und bei der Durchführung!

Eine Emma-Rallye fürs Kita-Fest

Möchten Sie zum Abschluss ihres Projektes zu einer gemeinsamen Emma-Rallye für Kinder und Eltern einladen? Hier finden Sie eine Ideensammlung zur Auswahl. Die Anregungen für Mitmach-Stationen und Aktionen können je Aufwand, Schwerpunkt und Jahreszeit den örtlichen Gegebenheiten angepasst werden. Immer stehen die Kinder, das fröhliche Miteinander und Kreativität im Vordergrund. Viel Spaß!

Zur Einstimmung

- Schminktisch: Emma oder einer ihrer Freunde als Wangentattoo
- Schnecken-Kopfschmuck basteln
- Laufkarte zum Ankreuzen

Mitmach-Stationen

Kleine, große Künstler

- Schnecken- oder Schmetterlingsmandala ausmalen
- Raupe aus Stempeldruck
- Girlande aus gemalten Schmetterlingen
- Igel aus Kastanien
- Gemeinschaftsarbeit: Ameisenberg mit Fingerdruck und Wackelaugen

Werkeln

- Klanghölzer: sägen, schmirgeln und anmalen
- Boomwhackers mit Ameisen-Fingerdruck

Musik und Tanz

- Emma-Klanggeschichte für alle
- Klanghölzer: Klopfen wie der Specht, rhythmische Sprechverse zur Spinne
- Libellentanz mit bunten Bändern zur Libellenmusik
- Schmetterlingstanz zum Blumenwalzer von Tschaikowski
- Massage mit dem Igelball zu verträumter Musik

für alle

Ziele

Gemeinschaft erfahren, Abschluss eines Themenbereichs, Spaß

Material

Einladung, Deko, Laufkarten, Helferlisten Materialien für die einzelnen Angebote

Spiele

- Kartoffelsackhüpfen: Grashüpfer gegen Frösche
- Schneckenrennen – Schnur mit Schnecke aus Pappkarton aufwickeln
- Spinnenlauf: auf allen Vieren Wasser transportieren
- Libellen-Parcour
- Igel-Parcour: Emma sicher auf die andere Seite bringen

Tierisches Buffet

- Raupen aus Tomatenkopf und Gurkenkörper
- Igel aus Birne mit Trauben-Spickern
- Frosch-Wackelpudding
- Maulwurftorte
- Emma-Kuchen

Besondere Angebote

- Farbenfrohe Fotoaktion für Kinder oder Familien
- Galerie mit Kunstwerken der Kinder
- Emma-Laternen basteln
- Ein Koffer für Emma und ihre Freunde

... oder eine Vorführung?

- das Emma-Lied mit allen Strophen und Verkleidungen singen
- ein Emma-Theaterstück der Kinder oder der Eltern.
- Emmas Geschichte im Kamishibai

Emma als Theaterstück

Kinder lieben Rollenspiele und Verkleidungen. Emmas Geschichte bietet ihnen die Möglichkeit, mit einer kleinen Rolle als stummer Regentropfen oder mit einem kurzen Text als eines der Tiere erste Bühnenerfahrung zu machen.

Überlegungen

Ein Erzähler, der auch auf die Kinder eingeht, gibt Sicherheit. Original-Musik könnte eingespielt werden und zum Lauschen anregen, z. B. wenn die Libellen tanzen. Oder alle singen gemeinsam das Emma-Lied.

Beziehen Sie die Kinder in ihre Planungen mit ein:

- Wie könnten die Kostüme, wie die Deko aussehen?
- Wer möchte z. B. ein großes Spinnennetz für Charlotte, die Flotte mitgestalten?
- Wer mag gerne die Hauptrolle spielen und als Emma im Mittelpunkt stehen?
- Welche Aufgaben übernehmen die einzelnen Team-Mitglieder?
- Gibt es z. B. beim Herstellen der Kostüme Unterstützung durch die Eltern?

Ein Theaterstück ist viel Arbeit, doch auch ein tolles Abenteuer. Alle rücken zusammen und am Ende wachsen die Kinder durch Anerkennung und Applaus.

Sonne, Regentropfen und Emma, die kleine Schnecke am Morgen.

ab 3 Jahren

Ziele

Selbstvertrauen stärken, anderen eine Freude bereiten

Material

Verkleidungen
Bühnen-Deko
Text des Bilderbuches in Kurzfassung

Bäume und Spechte

Emma und die Ameisen

Emma bei den Grashüpfern

am Froschteich

glückliche Emma mit Seifenblasen

Das (Kita-)eigene Emma-Bilderbuch

Wie wäre es, wenn sich Emma in Form eines selbstgestalteten Bilderbuches als bleibender Schatz für jedes Kind umsetzten ließe? Mit unserem Download-Link zu Emma-Outline ist dies möglich: Sie erhalten das Layout des Bilderbuches inklusive Text auf der jeweils linken und der kleinen Schnecke in ihren unterschiedlichen Gefühlslagen auf der rechten Buchseite.

Vorbereitung

Klären Sie im Team folgende Fragen: Soll jedes Kind ein eigenes Bilderbuch gestalten, das dann von ihnen in schöner Form, z. B. als Ringheftung, zum Buch gebunden wird? Oder möchten Sie mit allen zusammen ein Kita-eigenes Bilderbuch inkl. Foto oder Namen aller Kinder erstellen?

Überlegen Sie sich Gestaltungsmöglichkeiten für einige Seiten, an denen viele Kinder mitwirken können. Gibt es eine Gelegenheit, die Bücher drucken und eventuell binden lassen?

Jetzt wird's bunt und kreativ

Die Kinder gestalten die Welt um Emma herum, sie malen oder basteln zu jedem Tier.

Besprechen Sie unterschiedliche Techniken, Gruppenarbeiten und verschiedene Materialien.
Einzelbilder der Kinder können ausgehängt und später gemeinschaftlich ein Bild fürs Buch ausgewählt werden. Auch ein Bild fürs Cover dürfen alle entwerfen.

Ausklang

Präsentieren Sie das fertige Buch zunächst nur den Kindern. Lassen Sie ihnen Zeit, in Ruhe zu blättern und zu genießen. Alle werden mächtig stolz auf diesen kreativen Schatz sein.

Tipp

Starten Sie vor einem eventuellen Druck eine Umfrage, ob Familien ein zweites Buch zum Verschenken bestellen möchten. Das macht die Kinder stolz, Oma und Opa glücklich und senkt nebenher die Kosten.

BONUS

für alle

Ziele

gemeinsam mit und für alle kreativ werden, eine Erinnerung als Kita-Schatz schaffen

Material

Farbe, Bastelmaterial
Emma-Outline zum kostenfreien Download

Emma

Ohne Dich wär' die Welt nur halb so schön!

Gestaltet von

Auf dem Waldweg kriecht Emma an einem riesigen Berg aus Tannennadeln vorbei.

Als sie sich dem Berg nähert, erkennt sie, dass es vor kleinen Krabblern nur so wimmelt! Lauter Ameisen, wohin sie auch schaut!

„Ihr seid aber schnell und so wuselig!“

„Na ja, wir müssen ja auch das Nest bauen, die Eier und Larven pflegen und Nahrung beschaffen!“, antwortet eine Arbeiterin.

„Und was ihr alles herumtragt: ganze Blätter, Tannennadeln und sogar kleine Stöckchen.“

„Ja, das ist ungefähr so, als würde ein Mensch einen Elefanten tragen“ ,nickt die Ameise stolz.

„Boah, das gibt`s ja gar nicht. Wenn ich die Augen zusammenkneife, sieht es beinahe so aus, als würdet ihr alle im gleichen Rhythmus laufen."

Abwechselnd wippt die kleine Schnecke fröhlich mit ihren Fühlern im Takt.
"He, das macht Spaß!“

1, 2, 3, 4 - 1, 2, 3, 4. 1234 - 1234 - 1234

Nach einer Weile ist Emma völlig geschafft. „Puh, ist das anstrengend! Ich glaube, ich schaue euch einfach noch ein bisschen zu.“

03

Emma Buch-Outlines

zum Download & selbst gestalten.
www.stayinspired.de/emma

ISBN: 978-3947738380

Raiffeisenstr. 4 · D-83377 Vachendorf
www.kampenwand-verlag.de

KAMPENWAND
VERLAG

Versand & Vertrieb durch Nova MD GmbH
www.novamd.de · bestellung@novamd.de · +49 (0) 861 166 17 27

Text und Konzeption: Heidi Leenen / www.heidileenen.de
Grafik & Gestaltung: Franziska Buhl
Illustrationen: Lisa Hänsch & Ramona Wultschner / www.lisahaensch.net
& www.ramona-wultschner.de
Druck: WIRmachenDRUCK GmbH · Mühlbachstraße 7 · 71522 Backnang

Bilder: S. 21, 24, 67 – Bastelarbeiten Förderschule Don Bosco Geldern,
S. 27 – Blumenkronen-Kinder Cara und Freja S. 30 – Foto Soziale Kunst Atelier van Went
– Amira Wehling, S. 64 – Olibia Draschner, S. 67 – Jugendmusikschule Hochschwarzwald,
Boomwhackers und Libellenkind Ida, S. 69 – Familienzentrum Am Rodenbusch in Geldern,
Fotos Heinz Spütz, S. 71 – Kindergarten St. Peter in Wetten,
Lina Nikelowski Fotografie - www.nikelowski.de
Shutterstock: © Lubenica, © Sergey Nivens, © Zmrzlinar, © anastasia buinovska,
© Christin Lola, © MNStudio, © Grisha Bruev, © Julija Sulkovska, © Darkdiamond67,
© Anest, © juefraphoto, © Thanisnan Sukprasert, © frank60, © Michael Reilly,
© jax10289, © Artur Synenko, © Tomas Palsovic, © Piotr Krzeslak

Quellenangaben zu den Tierinfos: http://www.kidsnet.at . http://www.biologie-schule.de
http://www.wikipedia.de . http://www.olis-wilde-welt.de Tierlexikon für Kinder